# Die Feste des Christentums

Joachim Schmidt

# Kindern erklärt

Illustriert von Jobst Tjaden

Gütersloher Verlagshaus

# Was ihr in diesem Buch erfahren könnt

Christliche Feste – ein Thema für Kinder? Na klar! Und nicht nur für diejenigen, die zu den Feiertagen immer in die Kirche gehen. Auch wer mit dem Inhalt der Feste heute nichts mehr anfangen kann oder vielleicht sogar vergessen hat, was an »Himmelfahrt« eigentlich gefeiert wird, kommt doch nicht vorbei daran: Wir haben schulfrei und arbeitsfrei, die Läden sind geschlossen und an den hohen Feiertagen wünscht uns jeder »Frohe Weihnachten« oder »Frohe Ostern«. Und mal ehrlich: Was wäre denn eine Woche ohne Sonntag? Oder ein Winter ohne Weihnachten? Oder ein Frühling ohne Ostereier?

Im Winter, wenn die Tage kurz sind und die Nächte lang, in der dunklen Zeit der Wintersonnenwende, bedeutet Weihnachten auch Hoffnung auf längere, hellere Tage. Im Frühling feiern wir mit dem Wiedererwachen die Auferstehung Christi von den Toten. Pfingsten, der Geburtstag der Kirche, ist ein Sommerfest in der Jahreszeit, wenn alle nach draußen wollen und sich mit vielen anderen treffen. Und an den grauen Novembertagen, wenn der Herbst zu Ende ist, feiern wir den Abschied von den Verstorbenen.

Dieses Buch erklärt und erzählt für Kinder die Inhalte der christlichen Feste neu. Vier Kinder begleiten euch durch das ganze Buch und durch das ganze Kirchenjahr: Imke und ihr Bruder Lukas, sein Freund Jan und dessen Schwester Stefanie. Die vier erzählen aus ihrem Alltag, der vielleicht ganz ähnlich ist wie der eure. Sie erzählen Geschichten zum Lesen und Vorlesen, zum Nachdenken und Mutmachen. Ihr könnt darin erfahren, wie die Botschaft jedes christlichen Feiertages im ganz normalen Alltagsleben ihren Platz hat. Der Sachtext nach jeder Geschichte erkärt genau, wie wir das Fest feiern und warum:

# Advent

## Auf dem Flughafen

Vor Aufregung waren wir viel zu früh am Flughafen. Typisch Oma. Sie hatte uns angetrieben, damit wir auf keinen Fall zu spät kommen. Ich wusste schon vorher, dass wir noch jede Menge Zeit haben würden. Wir drei, Oma, meine Schwester Imke und ich, wollten Mama und Papa abholen. Sie waren einen Monat verreist, nur die zwei, ohne uns Kinder.

Mama und Papa hatten sich oft gestritten. Für Imke und mich war das eine schlimme Zeit. Mama und Papa hatten sich nicht mehr lieb und uns auch nicht mehr. Nachts ist Imke oft zu mir ins Bett gekrochen und hat geweint. Aber ich konnte ihr nicht helfen – ich verstand meine Eltern ja selbst nicht und wusste nicht, wie es weitergehen sollte.

Jetzt saßen wir auf den Plastiksesseln in der großen Ankunftshalle und warteten. Wir waren fein angezogen und Oma hatte für jeden einen großen Blumenstrauß gekauft. Sie war zu uns gekommen, um auf uns aufzupassen. Ich mag Oma gern. Sie hat auch nicht viel an uns herumerzogen. Aber sie erzählte immer wieder die alten Geschichten von Mama, als sie noch ein kleines Mädchen war, und seufzte. »Lukas, hör mir zu!«, verlangte sie, als wäre ich ein Seelendoktor. Ich habe Mama und Papa sehr vermisst. Wir haben miteinander telefoniert. Immer, wenn wir ihre Stimmen hörten, dann wünschten wir, sie wären bei uns. Aber von dem, was das Wichtigste war – nämlich ob sie zusammen bleiben würden, sagten sie nichts.

»Warten ist schrecklich langwei-lig«, maulte Imke. Und dabei schaute sie immer wieder auf die große Flughafenuhr, als ob da-durch die Zeit schneller vergehen würde. Ich glaube, ich wünschte mir, dass die Zeit überhaupt nicht vergehen sollte. Ich hatte Angst. Ich hatte schreckliche Angst. Mir war schlecht. Den ganzen Tag hatte ich keinen Bissen hinunter-bekommen. Imke zupfte nervös an ihrem Blumenstrauß und wur-de auf einmal ganz still. Tränen stiegen ihr in die Augen.

Ich hätte meine kleine Schwester vielleicht gern in den Arm genommen. Aber ich traute mich nicht – in der Ankunftshalle, so vor allen Leuten. Auch Oma sagte nichts. So saßen wir eine Weile und schwiegen, und alle träumten wohl davon, dass Mama und Papa sich wieder verstehen und wir wieder eine richtige Familie werden.

»Kommt Kinder, wir sind doch keine Trauergesellschaft!«, rief Oma plötzlich so laut, dass die Flugplatzbesucher, die neben uns saßen, uns ganz erstaunt ansa-hen. »Wenn Mama und Papa uns so sehen, dann fliegen sie vor Schreck gleich wieder zurück!«

Ich musste lachen, obwohl mir eigentlich gar nicht danach war. Imke hörte auf, an ihren Blumen herumzuzupfen. Eine Rose hatte schon drei Blütenblätter verloren. Da sagte die Stimme aus dem Lautsprecher, dass das Flugzeug gelandet war. Wir stürmten zum Ausgang. Aber jetzt mussten wir noch einmal endlos warten: bis alle ausgestiegen waren, bis das Gepäck ausgeladen war und Mama und Papa ihre Koffer vom Förderband holen konnten.

Imke schaute durch einen Spalt in der Milchglasscheibe.

»Ich seh' Mama, ich seh' Mama. Und da kommt Papa!«, rief sie aufgeregt.

Ich fühlte, wie mein Herz schnel-ler schlug.

»Was tun sie?«, fragte ich un-geduldig und wollte Imke von ihrem Beobachtungsposten wegdrängeln. Aber sie blieb wie festgenagelt stehen.

»Ich glaube, sie geben sich einen Kuss«, flüsterte sie.

Und dann waren sie da. Und wir fielen uns in die Arme.

8

# Advent

## Vom vierten Sonntag vor Weihnachten bis zum Heiligen Abend

Die Adventszeit ist die Zeit des Wartens und der Vorbereitung auf die Ankunft (das lateinische Wort dafür heißt adventus), auf die Geburt Jesu Christi. Sie fällt in die dunkelste Jahreszeit, in der sich alle nach Licht und Wärme sehnen. So wie alle Mütter und Väter sich auf die Geburt ihres Kindes vorbereiten – voller Freude, aber auch sehr ernsthaft –, so bereiten wir uns in der Adventszeit vor auf das Weihnachtsfest, auf die Geburt des Jesuskindes. Mit der Adventszeit beginnt das Kirchenjahr. Am vierten Sonntag vor Weihnachten, dem »ersten Advent«, feiern wir und zeigen unsere Freude mit dem Adventskranz, an dem wir die erste Kerze anzünden. Eine Woche später dann zwei, dann drei, dann vier. Es wird immer heller. Alle Lichter weisen auf Jesus hin, der von sich sagte: »Ich bin das Licht der Welt.« Was das für die Menschen heute bedeuten kann, zeigen wir damit, dass wir im Advent nicht nur an uns selbst, sondern auch an die Armen und Hungernden in aller Welt denken. Deswegen beginnen die weltweiten Hilfsaktionen der evangelischen und der katholischen Kirche, »Brot für

die Welt« und »Misereor/Adveniat«, am ersten Adventssonntag.
Das Warten im Advent ist nicht untätig, sondern bereitet eine andere, eine gute Zeit vor.

# Nikolaus

Der Weihnachtsstern

Auf meinem Schulweg komme ich an einem Blumenladen vorbei. Im Sommer stehen draußen auf dem Gehweg ein langer Tisch und zwei Regale mit Blumentöpfen. Alle Sorten und alle Farben. Morgens, wenn ich zur Schule gehe, baut der Ladenbesitzer meistens gerade alles auf. Aber ich habe keine Zeit, ihm zuzusehen, weil ich fast immer zu spät dran bin. Dass ich Blumen mag, ist mir peinlich – es passt eigentlich nicht zu mir. Ich erzähle es auch keinem, weil ich nicht will, dass die anderen mich auslachen. Aber es ist nun mal so.

An einem Wintertag stand der lange Tisch vor dem Blumenladen, als ich auf dem Weg nach Hause war. Darauf standen lauter Töpfe mit rot blühenden Weih-nachtssternen. Es waren kleine Pflanzen, nur halb so groß wie die Weihnachtssterne, die ich durch das Schaufenster drinnen im Laden sah. Im Schaufenster hing auch ein großes hellgrünes Schild: »Sonderangebot« stand da. »Weihnachtssterne – jede Pflanze nur 1,25 Euro.«

Mir fiel ein, dass Mutti am Morgen gemerkt hatte, dass ihr ein Hibiskus eingegangen war, der noch vor zwei Wochen zartrosa geblüht hatte.

»Ich weiß nicht, was ich falsch gemacht habe«, sagte sie traurig. Wir wussten es auch nicht. Ich glaube, keiner von uns dreien – also Vati, Stefanie und ich – nahm Muttis Kummer ernst.

Ich kramte vor dem Blumenladen in meiner Tasche. Genug Geld hatte ich dabei. »Ich schenke ihr einen Weihnachtsstern«, dachte ich, »zum Trost.« Manchmal bringt ihr ja auch Vati Blumen mit und sie findet das wunderbar. Ich hob also fast jeden Weihnachtsstern einzeln hoch und sah ihn mir von allen Seiten an. Dann nahm ich den mit den größten roten Blüten. Die Verkäuferin wickelte ihn in Papier ein und ich trug ihn vorsichtig nach Hause. Auf der Treppe wickelte ich ihn wieder aus, das hatte ich bei Vati gesehen. Als ich die Tür aufschloss, stand Mutti schon

im Flur. Ich hielt ihr den Weihnachtsstern hin.

»Für dich«, sagte ich. »Hab' ich für dich gekauft.« Und sie? »Hast du was ausgefressen?«, fragte sie! Etwas anderes fiel ihr nicht ein! Ich war beleidigt.

»Nein, ich dachte an den Hibiskus und ... ach, vergiss es!«, knurrte ich gekränkt und wollte in mein Zimmer rennen.

Aber Mutti hielt mich auf: »Entschuldige, Jan«, sagte sie. »Ich konnte es kaum glauben, dass mein Herr Sohn mir Blumen bringt.«

Sie ging vor mir in die Hocke. Das tut sie immer, wenn sie mir in die Augen sehen will. »Es ist ein wunderschönes Geschenk. Der Weihnachtsstern und dass du ihn mir einfach so schenkst.« Dann sagte sie noch: »Ich hab dich lieb.« Und dann fiel ihr noch ein, dass sie ganz vergessen hatte, danke zu sagen.

Als Steffi nach Hause kam, saßen Mutti und ich am Küchentisch und schwatzten fröhlich miteinander. Mitten auf dem Tisch leuchtete rot ein kleiner Weihnachtsstern.

# 6. Dezember

Am Nikolaustag geht es ums Schenken und Freudemachen. Der Nikolaus im roten Mantel zaubert aus seinem großen Sack Obst und Süßigkeiten, um sie den Kindern zu geben. Manche Kinder behaupten, in Wirklichkeit gebe es den Nikolaus gar nicht, weil sie vielleicht unter dem roten Mantel ein Hosenbein ihres Vaters oder Nachbarn wieder erkannt haben. Aber es gab den Heiligen Nikolaus tatsächlich.
Er lebte von 270 bis 327 n. Chr. Er war Bischof von Myra, einer Stadt in Kleinasien. Über ihn gibt es viele Legenden, die erzählen, dass es ihm Freude machte, andere Menschen, besonders Kinder, glücklich zu machen und dass er immer ein Helfer in großer Not war. Einmal gab er Seeräubern seinen ganzen Kirchenschatz, damit sie die Kinder seiner Stadt nicht in die Sklaverei entführten. Eine andere Legende erzählt, dass er immer in der Nacht vor seinem Geburtstag mit seinem Diener durch die Stadt ging und armen Kindern Geschenke vor die Tür legte. Deswegen beschenkten sich die Menschen früher am Nikolaustag und nicht wie jetzt am Heiligen Abend. An welchem Tag Geschenke ausge-tauscht werden, ist nicht das Wichtigste. Und wenn wir etwas schenken oder Geschenke erhalten, kommt es nicht darauf an, wie viele es sind und wie teuer sie waren. Gerade kleine Geschenke, wenn sie von Herzen kommen, machen die Beschenkten glücklich.

# Weihnachten

## In der Krippe

Ich war im Krippenspiel die Maria. Im Kindergarten hatten wir lange geübt, und am Heiligen Abend um vier Uhr nachmittags wurde es in der Kirche aufgeführt.

Ich war wirklich stolz, die Maria spielen zu dürfen. Und es war mir auch ganz recht, dass ich nichts zu sagen brauchte. In der ersten Szene musste ich stumm neben Josef stehen, der mit den Wirten verhandelte. Dann durfte ich bis zum Ende vor der Krippe sitzen und musste ernst hineinschauen, während die Hirten und Engel und Könige ihre Gedichte aufsagten. Trotzdem hatte ich die Hauptrolle. Die Maria ist in einem Krippenspiel immer die Wichtigste.

Viele Erwachsene sagten nach dem Gottesdienst: »Imke, du bist eine schöne Maria gewesen.« Bevor wir gingen, wünschten wir uns gegenseitig frohe und gesegnete Weihnachten.

Als wir zu Hause waren, wurden Lukas und ich in unsere Zimmer geschickt und Mama und Papa taten sehr geheimnisvoll wegen der Bescherung. Ich suchte nach Fanni. Fanni ist meine Lieblingspuppe, mit der ich immer reden kann und die mich immer versteht. Lukas lacht über sie, weil sie alt und zerknautscht ist. Lukas versteht überhaupt nichts. Fanni war weg und das am Heiligen Abend! Fast hätte ich angefangen zu heulen, da fiel mir ein: Sie liegt in der Krippe in der Kirche. Fanni hat das Jesuskind gespielt.

Ich rannte hinaus in den Flur. »Mama, Papa!«, rief ich. »Ich

habe Fanni in der Kirche vergessen. Sie liegt noch in der Krippe. Ich muss sie unbedingt wiederhaben. Jetzt gleich!«

Papa verdrehte genervt die Augen und seufzte tief. Er lacht auch immer über Fanni. Aber er weiß auch, dass ich ganz schön hartnäckig sein kann. Und das hält er nicht lange aus.

»Also gut«, sagte Papa, »ich fahr' dich schnell hin.«

Als wir ankamen, wurde in der Kirche gerade eine Christvesper gefeiert. Wir warteten, bis die Gemeinde ein Lied sang, dann wagten wir es, im Halbdunkel des Seitenschiffs vorsichtig nach vorne zu schleichen.

Plötzlich sah ich Fanni. Ich hielt Papa am Mantel fest. »Schau, da steht die Krippe!«, sagte ich leise und zeigte auf den großen Tannenbaum neben dem Altar.

Denn unter dem Tannenbaum stand die Krippe, wie im Krippenspiel gefüllt mit Stroh. Und im Stroh lag Fanni.

Es war schön, wie Fanni da lag. Die Lichter des Tannenbaums leuchteten in die Krippe. Und seine großen Zweige waren wie ein Dach.

Ich hatte gar nicht gemerkt, dass ich Papa immer noch am Mantel festhielt.

»Weißt du, hier schläft Fanni gut«, flüsterte ich ihm ins Ohr. »Wir können sie auch morgen holen.«

## Weihnachten

## Heiliger Abend am 24. Dezember, Weihnachtstage am 25. und 26. Dezember

In unserer Geschichte liegt Imkes zerknitterte Fanni in der Krippe, keine wunderschöne Puppe mit Heiligenschein. So wie Imke zuversichtlich ist, dass ihre Fanni in der Krippe unter dem Tannenbaum gut schlafen wird, so können wir auch zuversichtlich sein, dass Gott uns nicht als ferner Herrscher be-gegnen will, sondern in Menschen wie dir und mir. Überall und zu jeder Zeit. Die Weihnachtsgeschichte ist die wohl bekannteste Geschichte aus der Bibel. Sie steht im zweiten Kapitel des Lukas-evangeliums. Josef, ein Zimmermann aus Nazaret, muss auf Befehl des Kaisers Augustus nach Betlehem reisen, um sich in eine Steuerliste eintragen zu lassen. Seine Frau Maria erwartet ein Kind. In Betlehem müssen sie in einem Stall übernachten. Hier bekommt Maria einen Sohn. Draußen auf den Feldern sind Hirten. Plötzlich sehen sie einen Engel, der ihnen sagt: »Heute wurde euer Retter geboren, Christus, der Herr. Geht nach Betlehem und seht selbst!« Und dann steht neben dem Engel eine große Schar anderer Engel, die preisen Gott und rufen: »Alle Ehre gehört Gott im Himmel! Sein Frieden kommt zu den Menschen, weil er sie liebt!« Die Hirten brechen sofort auf und finden Maria und Josef und das Kind in der Futterkrippe. Die meisten Menschen stellen sich Gott vor als mächtigen und unnahbaren Herrscher, der weit weg von uns auf einem Thron sitzt. Aber Gott ist ganz anders. Er kommt als Kind zu uns. Nicht als Königssohn mit einer goldenen Krone und seidenen Windeln, sondern in einem Stall. Gottes Sohn wird geboren wie viele Kinder auf der Welt. Nicht den Reichen und Mächtigen, sondern zuerst den armen Hirten sagt Gott durch seinen Engel, wer das Kind ist und was seine Geburt für die ganze Welt bedeutet. Gott will, dass Frieden auf Erden herrscht. Und wer kann besser Frieden ausdrücken als ein kleines Kind, das schutzlos ist und keinem etwas tut?

# Heilige Drei Könige

## Wo ist Omi?

Am späten Nachmittag klingelte bei uns das Telefon. Vati stand gleich daneben und verhinderte so meinen üblichen Wettlauf mit Jan. Es war die Leiterin des Altenwohnheimes, in der Vatis Mutter lebt: »Ihre Mutter war heute früh bei einer Beerdigung und ist nicht zurückgekommen. Wir machen uns große Sorgen um sie.«
»Ich komme gleich vorbei«, antwortete Vati und legte den Hörer auf. »Omi ist aus dem Altenheim verschwunden«, rief er durch die Wohnung. »Wir müssen sie suchen!«
Ohne zu fragen, zog ich mir Schuhe und Mantel an. Natürlich wollte auch Jan unbedingt mit dabei sein und Mutti sowieso. Erst fuhren wir zum Heim und sprachen mit der Heimleiterin.

Aber sie wusste nichts Neues. Sie hatte alle Bewohnerinnen und Bewohner gefragt, aber niemand konnte eine Auskunft geben.
»Wir müssen zum Friedhof«, entschied Vati. Der Friedhof lag am anderen Ende der Stadt. Als wir ankamen, war es schon fast dunkel. Das große Eingangstor war geschlossen.
»Wir müssen hinein«, flüsterte Vati. »Vielleicht ist Omi noch einmal hierher gekommen und ist jetzt eingesperrt. – Ich steig über den Zaun.«
»Wir kommen mit«, flüsterten wir zurück. Warum wir so leise sprachen, wussten wir selbst nicht und lachten später darüber. Zum Glück hatte Vati eine Taschenlampe im Auto. Er half erst mir und Jan über den Zaun, dann Mutti und zuletzt hatte er fast

keine Kraft mehr, selbst über den Zaun zu klettern. Wir rannten über die Friedhofswege, leuchteten mit der Taschenlampe und riefen immer wieder: »Omi!« und »Ilse!« und »Bist du da?« Aber wir fanden sie nicht.

Als wir wieder über den Zaun auf die Straße geklettert waren, rief Vati aus einer Telefonzelle das Heim an. Omi war immer noch nicht zurückgekommen.

Wir versuchten es in ihrem Stammcafé. Zum Glück kannte eine Serviererin Omi: »Nein, Frau Ketzin war heute nicht hier.« – »Da hilft jetzt nichts mehr, wir müssen zur Polizei«, sagte Vati ganz niedergeschlagen, als wir wieder ins Auto stiegen. Und zu Mutti: »Fahr jetzt du, ich bin viel zu nervös.«

Die Polizisten hörten aufmerksam zu. Dann erklärten sie: »Wir können Ihnen leider nicht helfen. Wir dürfen erst aktiv werden, wenn eine Person drei Tage lang vermisst wird.« Aber sie wollten an die Streifenwagen durchgeben, dass sie nach einer alten Dame Ausschau halten sollten. Doch das war kein Trost. Vati rief noch einmal im Altenheim an – sie war noch immer verschwunden. Als wir wieder im Auto saßen, stöhnte er: »Ich weiß nicht mehr weiter. Wohin könnte sie nur gegangen sein?«

Da kam mir eine Idee. Ganz plötzlich. Zuerst traute ich mich nicht gleich, sie auszusprechen. Aber dann wagte ich es doch: »Ich kann mir denken, wo sie ist«, sagte ich vorsichtig. »Vielleicht wollte sie uns besuchen und wartet jetzt vor unserem Haus. Sie kommt doch immer zu uns, wenn sie Kummer hat.«

Mutti fuhr sofort los. Aber Omi stand nicht vor der Haustür. Jeder kann sich denken, wie enttäuscht ich war. Traurig stiegen wir die Treppe hinauf. Und da saß Omi auf der letzten Treppenstufe vor unserer Wohnungstür.

»Wo seid ihr so lange gewesen?«

»Wir haben dich gesucht.«

Wir erzählten Omi die ganze Geschichte und dann erzählte Omi ihre Geschichte, dass sie so traurig war über den Tod ihrer Freundin und dass sie sich aussprechen wollte.

»Wo sollte ich sonst hingehen, wenn ich Kummer habe?«

## Heilige Drei Könige

## 6. Januar, auch genannt Epiphanias (Erscheinungsfest)

Die Suche nach dem, was uns am wichtigsten ist, was uns Hoffnung gibt, dauert manchmal lang und erfordert Geduld und Hartnäckigkeit. Manchmal, so wie in der Geschichte mit Omi, liegt das Gesuchte sogar viel näher, als wir zuerst geahnt haben. Die Hauptsache ist, dass wir die Zeichen sehen, die uns helfen, auf der richtigen Spur zu bleiben – so wie der Stern es für die drei Weisen tat. Der helle Stern, der über dem Stall steht, ist ein Zeichen für Jesus, das Licht der Welt. Die Geschichte von den Weisen, die wir auch Könige nennen, steht im zweiten Kapitel des Matthäusevangeliums: Der Stern stand hoch am Himmel. Er leuchtete hell. Weise Männer im Orient deuteten die Botschaft des Sterns: Ein neuer König ist geboren. Sie folgten dem Stern und machten sich auf die Suche nach dem Königskind. Es war eine weite Reise für sie. Genau über Betlehem, wo das Jesuskind geboren war, blieb der Stern stehen. Sie gingen hinein, fanden das Kind und beteten es an. Und dann breiteten sie ihre Schätze aus, die sie als Geschenke mitgebracht hatten: Gold, Weihrauch und Myrrhe. Das Wort »Epiphanias« kommt aus dem Griechischen und heißt Erscheinung. So bedeutet Epiphanias »Fest der Erscheinung Gottes bei den Menschen«. Die Geburt im Stall von Betlehem geschah mehr im Verborgenen. Nur die Hirten und die, denen sie es erzählten, wussten davon. Nun soll es die ganze Welt erfahren, dass Gottes Sohn geboren ist. Dafür wurden die Weisen zum Symbol. Im Lauf der Jahrhunderte, in denen man diese Geschichte erzählte, wurden sie allmählich zu Königen, die aus verschiedenen Kontinenten kamen, aus Afrika, Asien und Europa, der damals den Christen bekannten Welt. Deshalb haben die Könige verschiedene Hautfarben, wenn sie auf Bildern zu sehen sind. Man nannte sie C(K)aspar, Melchior und Balthasar. Bei katholischen Christen gibt es den Brauch, die Anfangsbuchstaben ihrer Namen zwischen die Jahreszahl über den Türbalken zu schreiben (20C+M+B02), damit Christus das Haus und seine Bewohner schützt. Kinder ziehen als Sternsinger von Tür zu Tür, um für Notleidende in aller Welt zu sammeln.

# Fastenzeit

## Sieben Wochen ohne ...

Imke hatte aus dem Kindergarten ein Faltblatt mitgebracht. Ich ahnte nichts Böses und dachte: »Wieder so ein Kleinkinderkram.« Aber es kam ganz schlimm. Nach dem Abendessen, als wir noch zusammensaßen, holte Mama das Faltblatt und las vor: »Aktion lohnender Verzicht – Wie wär's mit neuem Schwung für den Frühling? Während der Fastenzeit verzichtest du sieben Wochen lang auf etwas. Du setzt dir neue Ziele und machst dabei neue Erfahrungen.«
Ich dachte sofort: Es gibt nichts, worauf ich verzichten könnte. Ich leb' doch nicht im Luxus! Aber Imke plapperte gleich los: »Wir haben im Kindergarten ausgemacht, dass alle auf etwas verzichten. Yvonne, Sara und ich wollen auf die Serie im Kinder-

kanal verzichten.« Und dann erzählte Imke noch, dass Frau Büttner, ihre Kindergärtnerin, gesagt hat, dass die drei richtig fernsehsüchtig seien, weil sie sich nur noch über die Serie unterhalten. Imke wollte natürlich nicht die Einzige in der Familie sein, die auf etwas verzichtet – sie wollte wissen, worauf *wir* denn verzichten würden. Sie verlangte, dass wir alle mitmachten. Sieben Wochen lang!
Imke kann man nicht ernst nehmen. Sie weiß nicht, was süchtig ist, und sie würde sowieso nicht durchhalten. Dachte ich. Aber sie war leider ganz begeistert von ihrem Entschluss. Papa schaute seinem kleinen Liebling in die Sternenäuglein und schmolz dahin. »Also gut«, sagte Papa. »Ich werde sieben Wochen auf

Alkohol verzichten. Kein Bier, keinen Wein, kein Sonstwas.« Imke strahlte.

Als Imke im Bett war, fragte ich Papa, ob er das etwa ernst meinte und ob er wirklich so was auf sich nehmen wollte, nur Imke zuliebe? Auch Mama war gespannt auf die Antwort. Papa überlegte: »Ihr habt schon Recht. Imke war so begeistert – ich wäre wohl von selbst nicht auf die Idee gekommen zu fasten. Aber sich ein Ziel setzen, auf etwas verzichten, was man gedankenlos jeden Tag konsumiert, das ist doch was. Vielleicht macht man wirklich neue Erfahrungen. Ich will es probieren.«

Normalerweise redet Papa nicht so. Ich blieb misstrauisch. Aber am Aschermittwoch kam er mit einer Idee, die mich überzeugte. Der Fernseher blieb aus, statt dessen vertieften wir uns alle ins Mensch-ärgere-dich-nicht-Spielen. Wir tranken Apfelschorle und waren ziemlich lange auf an diesem Abend. Eigentlich finde ich Fasten inzwischen ganz in Ordnung.

## Fastenzeit
## Sieben Wochen (40 Tage) vor Ostern

In der Fastenzeit vor Ostern besinnen sich die Christen auf das Leiden und Sterben von Jesus Christus. Deshalb nennt man diese Zeit auch Passionszeit (das lateinische Wort für Leiden heißt »passio«).

In der Heiligen Schrift gibt es viele Stellen, die vom Fasten sprechen. Die Menschen in Israel gingen in die Wüste und fasteten. Auch Jesus tat das. Sie fasteten, um nachzudenken, zu sich zu kommen und neue geistige Kräfte zu sammeln – in der Hoffnung, Gott zu begegnen. Sie wollen erkennen, was wirklich wichtig im Leben ist. Wir können nicht in die Wüste gehen, um das zu erleben. Aber wir können – jeder für sich oder gemeinsam mit anderen – fasten, indem wir verzichten. Auf etwas, was zwar erlaubt, aber doch schädlich ist, oder auf etwas, was uns wichtig scheint und in Wirklichkeit ganz unwichtig ist. Der erste Tag der Fastenzeit ist der Aschermittwoch. Katholische Christen gehen an diesem Tag zur Aschermittwochsfeier. Was hat dieser Mittwoch mit Asche zu tun?

Früher haben Menschen, wenn sie sich schuldig fühlten und bereuten, sich mit Asche bestäubt. »Asche auf mein Haupt«, »in Sack und Asche gehen«, diese Redewendungen gehen auf das Alte Testament zurück (2. Samuel 13,19; Jeremia 25,34). Mit Asche haben die Menschen früher, als es noch keine Waschmittel gab, sogar gewaschen. So ist Asche also nicht nur ein Zeichen für unsere Unvollkommenheit, sondern auch dafür, dass wir wieder rein werden wollen.

Die Fastenzeit dauert sieben Wochen, genauer gesagt 40 Tage: von Aschermittwoch bis Karsamstag, die Sonntage als Gedenktage an die Auferstehung Jesu Christi werden in der Zählung ausgenommen.

# Karwoche

## Der Unfall

Alles tat mir weh: Der gebrochene Arm, die Schürfwunden, jeder Knochen. Wenn ich heute daran denke, wo doch längst alles vorbei ist, tut es noch nachträglich weh. Und ich muss an Mutti denken. Sie ist wirklich ein Schatz.

Ich hatte einen schweren Unfall und ich war selbst schuld daran. Ich fuhr mit dem Fahrrad die Straße hinunter, so richtig schön schnell. Mein Rad schleuderte und ich stürzte auf die Straße. Ein Auto, das mir entgegenkam, konnte gerade noch bremsen. Zum Glück war es langsam gefahren.

Ich lag auf der Straße und konnte nicht mehr aufstehen. Was dann geschah, habe ich nur noch halb mitbekommen. Einer von den Leuten, die mich sahen, hatte ein Handy und telefonierte. Er holte den Krankenwagen und die Polizei. Ich muss ihm – obwohl ich fast weggetreten war – anscheinend auch die Telefonnummer meiner Eltern gesagt haben. Dann kam mit Blaulicht und Sirene der Rettungswagen und ich wurde auf eine Trage geladen. Die Sanitäter waren ganz vorsichtig, aber es tat trotzdem sehr weh.

Erst im Krankenhausbett kam ich wieder richtig zu mir. Meine Rennfahrt hatte mir eine schwere Gehirnerschütterung und große Schürfwunden überall am Körper eingebracht. Und dann war noch der linke Arm gebrochen. Es tat höllisch weh und ich sah aus wie ein Gespenst: der mit Mullbinden umwickelte Kopf, der Arm, der jetzt einen dicken Gipsverband hatte, die aufgeschlagenen Knie – eben alles. Und wenn ich daran dachte, wie das Rad schleuderte, fing ich unwillkürlich an zu zittern.

Mutti saß auf meinem Bett im Krankenhaus. Ich sah es ihr an: Sie hat mindestens genauso gelitten wie ich. Und sie litt immer noch. Ich kann mir vorstellen, was für ein Schock es für sie war, als sie am Telefon die Nachricht von meinem Unfall erhielt. Sie rannte sofort auf die Straße und bekam gerade noch mit, wie die Sanitäter mich in den Unfallwagen schoben. Sie fuhr mit mir im Unfallwagen zum Krankenhaus, der Arzt hatte sie aber gebeten, nicht mit mir zu sprechen. Sie hatte schreckliche Angst um mich und konnte doch nichts tun.

Als Mutti auf meinem Bett saß, schaute sie mich in meinem jämmerlichen Zustand ganz liebevoll an. Sie hatte Tränen in den Augen, so sehr fühlte sie meine Schmerzen und so sehr freute sie sich, dass mir nichts Schlimmeres passiert war. Erst streichelte sie mich und flüsterte immer nur: »Janni, Jan, mein kleiner Jan.« Dann sagte

sie: »Ich würde so gerne die Schmerzen für dich haben.« Wir beide wussten, dass das nicht geht. Aber ich weiß, dass Mutti das nicht nur so dahingesagt, sondern ganz ernst gemeint hat.

Vorsichtig umarmten wir uns. Ich mit dem einen gesunden Arm. Ich spürte Muttis Wärme, die Angst, die sie um mich hatte, und ihre Liebe. Und mir war, als täte alles viel weniger weh.

# Die Woche vor Ostern

Die Woche vor Ostern ist die Karwoche. Das Wort »kar« bedeutet im Mittelhochdeutschen »Wehklage, Trauer« und diese Woche ist eine Zeit der Trauer, des Fastens und der Stille. Wir denken an das Leiden und Sterben Jesu Christi. Wir hören seine Leidensgeschichte, die von Schmerz und Tod handelt und von der Liebe zu uns.
Der *Palmsonntag* erinnert daran, wie Jesus auf einer Eselin nach Jerusalem reitet (Johannes 12,12-19).
Die Menschen jubeln ihm zu, weil sie hoffen, dass er ein großer Befreier Israels von römischer Fremdherrschaft sein wird. Aber Jesus will kein Politiker oder General sein und die Menschen wenden sich enttäuscht von ihm ab. Die Stimmung richtet sich gegen ihn.

Es ist die Zeit des jüdischen Passafestes, zu dem viele Menschen nach Jerusalem gekommen sind. Ein Höhepunkt des Festes ist das Passamahl am Vorabend des Festtages. Dazu lädt Jesus seine Jünger ein. Er weiß, dass er sterben muss — es ist ihr letztes gemeinsames Mahl.
Daran denken wir am *Gründonnerstag*. Während der Mahlzeit nimmt Jesus Brot, dankt Gott, bricht es in Stücke und gibt es seinen Jüngern mit den Worten: »Nehmt und esst, das ist mein Leib.« Dann nimmt er den Becher, spricht darüber das Dankgebet, gibt ihn den Jüngern und sagt: »Trinkt alle daraus, das ist mein Blut, das für alle Welt vergossen wird zur Vergebung ihrer Schuld.« (Matthäus 26,26-28). In

Erinnerung daran feiern die Christen in den Gottesdiensten das Heilige Abendmahl bzw. die Eucharistie. In derselben Nacht wird Jesus verhaftet. Ein Jünger, Judas, verrät ihn, die anderen rennen kopflos davon. Die führenden Gelehrten in Jerusalem halten Jesus für einen Abtrünnigen, einen Gotteslästerer.

wir daran denken, dass Jesus – wie jeder Mensch – sterben musste und im Grab ruhte.
Jesus ist dem Schmerz und dem Tod nicht ausgewichen, sondern hat ihn freiwillig auf sich genommen. Für das, was er lebte und predigte, stand er ein bis zum Tod. Er hat das für alle

Sie bringen Jesus zu Pilatus, dem römischen Verwalter der Stadt. Er soll das Todesurteil sprechen. Pilatus zögert, doch dann verurteilt er Jesus und lässt ihn verspotten und foltern. Am nächsten Tag stirbt Jesus am Kreuz. Wir denken an seinen schrecklichen Tod am *Karfreitag.* Der *Karsamstag* ist der letzte Tag der Fastenzeit. Es ist der Tag, an dem

Menschen getan, die zu aller Zeit und in aller Welt leiden. Auch im Leid ist Gott ganz nah bei uns. Für uns bedeutet das, dass wir nicht wegsehen dürfen, wenn Menschen ausgelacht, verfolgt, gequält oder getötet werden – ganz in unserer Nähe oder überall in der Welt. Wir sollen ihnen nahe sein, ihnen helfen und uns für sie einsetzen.

# Ostern

## Die da unten

Wir wohnen im dritten Stock in einem großen Haus. Ich kenne den Hausbesitzer nicht, der wohnt nicht bei uns, aber dafür wohnen unter uns Herr und Frau Langheim. Mit denen gab es immer Streit. Mal hatte Lukas Radio und Fernsehen zu laut aufgedreht oder ich sollte angeblich im Kinderzimmer so getobt haben, dass unten die Möbel wackelten. Mal sollen wir viel zu schnell die Treppe hinauf- oder hinuntergepoltert sein und unsere Fahrräder im Treppenhaus so stehen lassen haben, dass andere angeblich darüber stolpern *mussten*. Das Schlimmste war, dass die da unten nicht mit uns redeten oder schimpften. Sie schrieben Zettel. Fast jeden Tag lag so ein Zettel mit immer neuen Beschwerden und Drohungen im Briefkasten.

Mama und Papa hatten versucht, mit Herrn und Frau Langheim zu sprechen. Sogar Lukas, der ja wirklich laute Musik macht, gab sich für eine Weile Mühe. Aber es half nichts. Lukas sagte schließlich: »Ich könnte die Treppe hinunterschweben, und trotzdem würde es denen da unten nicht passen. Also, was soll's?« Ich war immer vorsichtig im Treppenhaus, denn ich hatte Angst vor den beiden. Die anderen kümmerten sich einfach nicht mehr um Herrn und Frau Langheim, und Lukas machte, was er wollte. Die Zettel kamen in den Papierkorb und Herrn und Frau Langheim nannten wir nur noch »die da unten«. Eines Tages im Frühling, als Lukas und ich ins Treppenhaus kamen, stand da Frau Langheim neben ihrem Einkaufswagen und einer großen, vollen Tüte. Wir rannten an ihr vorbei. Aber ich hatte doch gemerkt, dass Frau Langheim ganz bleich war und dass die Hand zitterte, mit der sie sich am Treppengeländer festhielt. Als wir schon fast vor unserer Wohnungstür waren, hielt ich Lukas fest. »Sie steht immer noch da«, flüsterte ich. »Vielleicht ist sie krank? Ich helfe ihr. Komm mit!«

»Sie wird zwar wieder irgendwas Schlechtes dabei finden«, antwortete Lukas, »aber wenn du nicht alleine hingehen willst, o. k. ...«

Wir liefen die Treppe wieder hinunter. Lukas packte den Einkaufswagen, ich die Tüte. Wir stellten die Sachen vor Langheims Tür. Etwas zu Frau Langheim zu sagen wagte ich nicht. Lukas auch nicht. Auch Frau Langheim sagte kein Wort.

Am Abend wurde bei uns wieder ein Zettel durch den Briefkastenschlitz gesteckt. Mama fand ihn und las ihn vor: Herr und Frau Langheim bedankten sich bei mir und Lukas. Und sie luden Mama und Papa zu einem Gespräch ein.

»Wir haben Frieden geschlossen«, verkündete Papa, als sie zurück- kamen. Und Mama erzählte: »Sie haben immer geglaubt, dass ihr unerzogene Rüpel seid – genau wie eure Eltern.« Sie zwinkerte Papa zu. »Dass ihr der Frau heute so einfach beim Tragen geholfen habt, hat sie völlig überrascht und ihre Meinung über uns total verändert.«

»Wer hätte das für möglich gehal- ten? Ich nicht ...«, seufzte mein Papa erleichert. »Aber wir waren in letzter Zeit auch nicht gerade friedfertig.«

Ich freute mich, dass ich jetzt keine Angst mehr haben musste. Vielleicht hatten ja auch Herr und Frau Langheim Angst vor uns? Warum sonst haben sie immer nur Zettel geschrieben und nicht mit uns geredet? Später haben wir uns richtig kennen gelernt und Papa sagte, dass neues Leben ins Haus eingezogen ist. Das stimmt!

## Ostern

### Sonntag nach dem ersten Vollmond im Frühling

Ostern sagt uns: Auch wenn wir noch so verzweifelt oder mutlos sind, wenn uns alles ausweglos erscheint, wenn wir nicht weiterwissen — ein neues Leben, ein neuer Anfang ist möglich. Gott hat Jesus von den Toten auferweckt und er will auch uns immer wieder einen neuen Anfang schenken. Gott ist der Herr über Leben und Tod. Bei ihm ist nichts unmöglich. Und deshalb ist Ostern ein Freudenfest.

Wir erzählen die Ostergeschichte nach dem Lukasevangelium, Kapitel 24: Drei Tage nachdem Jesus gestorben war, gingen einige Frauen in aller Frühe zu seinem Grab. Sie wollten ihn noch ein- mal sehen und seinen Leichnam salben mit kostbaren Ölen. Damals waren die Gräber in Felsen gehauene Kammern. Sie wurden mit großen Felsbrocken verschlossen. Als die Frauen am Grab ankamen, sahen sie, dass der Stein weggewälzt war. Sie gingen in das Grab hinein, aber der Leichnam Jesu war nicht mehr da. Während sie noch ratlos dastanden, traten plötzlich zwei Männer in strahlend hellen Gewändern zu ihnen. »Was sucht ihr den Lebenden bei den Toten?«, sagten sie. »Gott hat ihn vom Tod erweckt! Er ist von den Toten auferstanden!« Die Frauen liefen zu den Jüngern und erzählten, was sie erlebt hatten. Später begegnete Jesus allen Jüngern. Für die Jünger, die verzweifelt waren, die sich verlassen fühlten und schon innerlich aufgegeben hatten, war das ein neuer Anfang. Und jetzt waren sie sich ganz sicher: Jesus ist Gottes Sohn.

Im Frühling belebt sich die Natur neu. Alle Osterbräuche haben mit dem Frühling zu tun: Das Osterei ist schon in der Zeit der Urchristenheit Sinnbild des Lebens und der Auferstehung. Seine Schale

ist wie ein verschlossenes Grab. Aber das Küken bricht sich seinen Weg heraus. Die Hasen haben im langen Winter gefroren und gehungert. Aber sie haben überlebt und jetzt bringen sie viele Junge zur Welt. Es ist ein wunderbarer Neuanfang. Darum wurden die Hasen Osterhasen. Jesus wird auch »Lamm Gottes« genannt, weil er sich für uns am Kreuz geopfert hat. Daran erinnern die Osterlämmer. Sie tragen eine Fahne, die Siegesfahne: der Sieg des Lebens über den Tod. In vielen Familien werden leckere Osterlämmer gebacken und am Ostermorgen gegessen. Aber darüber sollten wir nicht vergessen, dass Jesus auch der Gute Hirte ist, der immer auf uns, seine Schäfchen, Acht gibt.
Freuen wir uns über das wieder erwachende Leben!

# Himmelfahrt

## Mama verreist

Im Nachhinein betrachtet war das ein schlimmer Tag. Und ich hab mich dabei noch ziemlich dumm benommen. Aber ich will der Reihe nach erzählen.

Wir saßen alle am Tisch zusammen, das Abendessen war abgeräumt, aber die Kerzen brannten noch. Irgendwas lag in der Luft, ich wusste nur nicht, was. Auch Klein-Imke merkte, dass dies kein gewöhnlicher Abend war. Sie zappelte aufgeregt auf ihrem Stuhl.

Mama wollte etwas sagen. Erst nahm sie einen großen Schluck Wein, dann druckste sie herum und wartete auf mein übliches »Ja, nun sag's schon!« Als es nicht kam, platzte sie heraus: »Ich muss verreisen. Lange. Für sechs oder acht Monate!« Ehrlich gesagt, mir blieb die Spucke weg. Und bevor mir oder Imke was einfiel, redete Mama schnell weiter: »Meine Firma eröffnet in Mexiko ein neues Büro und da wurde ich gefragt, ob ich nicht in der Anfangszeit dort mithelfen und mitarbeiten würde.«

»Und wer kocht dann für uns, doch nicht etwa Papa?« – das rutschte mir vor Schreck einfach so raus. Eine Sekunde später tat es mir schon Leid. Das war blöd und ich wollte es wieder gutmachen. »Es kommt jetzt wirklich nicht aufs Essen an. Entschuldigt bitte«, murmelte ich.

»Konntest du nicht Nein sagen?«, flüsterte jetzt Imke.

»Klar, ich hätte Nein sagen können«, antwortete Mama. »Aber offen gestanden wollte ich

nicht Nein sagen. Ich will mich noch einmal herausfordern lassen und ich hab richtig Lust auf Mexiko. Und ihr kommt bestimmt ganz gut auch ohne mich aus.« Das fand ich schon ein bisschen gemein von ihr. Dass sie so lange ganz gut ohne uns auskommen würde.

»Und Papa, was sagst du?«, fragte ich, obwohl ich mir seine Antwort schon ausrechnen konnte.

»Mama hat sich das nun mal in den Kopf gesetzt, da will ich nicht Nein sagen. Und sie fährt ja erst in zwei Monaten. Bis dahin haben wir noch viel Zeit, darüber zu sprechen. Wir können noch ausgiebig beratschlagen, was wir drei Zurückgebliebenen dann tun.«

Als Imke und ich später in unseren Betten lagen, kam Mama zum Gutenachtsagen. »Ich hab euch und Papa sehr, sehr lieb. Und jeden Abend werde ich in Gedanken bei euch in eurem Zimmer sein, mit euch das Gutenachtgebet sprechen und euch zudecken. Ich hab euch so lieb – ich bin auch in Mexiko immer bei euch.«

Später, als sie drüben war, habe ich gespürt, dass das irgendwie stimmte.

## Himmelfahrt

### Vierzig Tage nach Ostern an einem Donnerstag

Wenn wir »Himmel« sagen, müssen wir unterscheiden zwischen dem sichtbaren Himmel, durch den wir mit Flugzeugen fliegen oder mit Raumschiffen, und dem unsichtbaren Himmel, dem Himmel Gottes. Der Himmel Gottes ist ein anderes Wort für »bei Gott sein«, »bei Gott aufgehoben sein«. Und das ist ein Ort, den man nicht beschreiben kann, der aber überall sein kann, auch hier auf der Erde.

Ein Ort, den jeder erleben kann.

Die Geschichte der Himmelfahrt Jesu erzählt Lukas in seinem Evangelium im

24. Kapitel, Vers 50 und 51, und in seiner Apostelgeschichte in Kapitel 1, Vers 9:
Vierzig Tage nach Ostern führte Jesus die Jünger aus Jerusalem heraus nach Betanien. Dort erhob er die Hände, um sie zu segnen. Und während er sie segnete, wurde er vor ihren Augen emporgehoben. Eine Wolke nahm ihn auf, sodass sie ihn nicht mehr sehen konnten.
Ostern hat Gott Jesus von den Toten erweckt. Jetzt, nach vierzig Tagen und nachdem er vielen Jüngern an verschiedenen Orten begegnet ist, holt ihn Gott zu sich in seinen Himmel. Jesus geht dahin zurück, wo Gott wohnt und woher Jesus gekommen ist. Die Jünger müssen nun selber Verantwortung übernehmen. Jesus geht ihnen nicht mehr voraus, sagt ihnen nicht mehr, was sie tun sollen. Aber er hat versprochen, seinen Heiligen Geist zu senden, der sie begleiten wird. Auch wir haben selbst die Verantwortung für unser Leben und für unsere Mitmenschen. Und wie die Jünger können wir uns darauf verlassen, dass wir nicht allein sind.
Nach seiner Himmelfahrt ist Jesus nicht weit weg. Im Matthäusevangelium sind seine letzten Worte: »Ich bin immer bei euch, jeden Tag, bis zum Ende der Welt.«

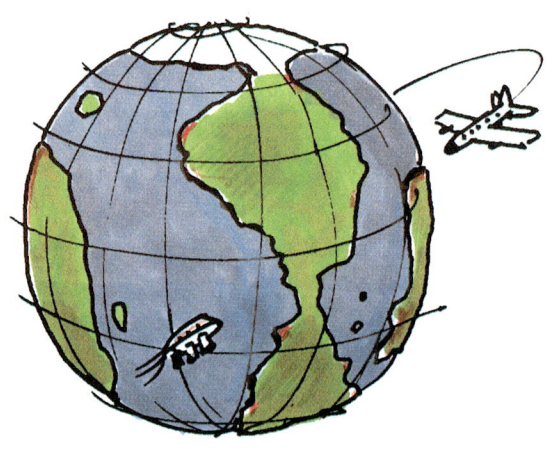

b

ı

Einmal kam Stefanie nach Hause und erzählte ganz aufgeregt, dass ein neues Mädchen im Kindergarten sei. »Sie ist sehr nett«, berichtete Stefanie. »Und sie ist sehr schön.«
»Wie heißt sie denn?«, fragte ich.
»Das weiß ich nicht mehr. Sie hat einen ganz komischen Namen. Aber wir haben den ganzen Vormittag miteinander gespielt.«
In den nächsten vierzehn Tagen erzählte Stefanie immer wieder mal von ihrer neuen Freundin, sodass ich richtig neugierig wurde und sie kennen lernen wollte.

Aber immer wenn ich nach meiner Arbeit in den Kindergarten gehetzt kam, um Stefanie abzuholen, war ihre Freundin schon längst nicht mehr da. An einem Mittwochnachmittag hatte ich frei. Ich fuhr zum Kindergarten, um Stefanie ganz früh abzuholen. Als ich in den Gruppenraum kam, sah ich sie auf dem Boden sitzen. Zusammen mit einem Mädchen baute sie aus bunten Bauklötzen einen Turm. Das Mädchen war schwarz.
»Ist das etwa Steffis neue Freundin?«, fragte ich mich verblüfft. – Ich sprach dann mit der Kindergärtnerin. Frau Sterzik erzählte mir, dass das Mädchen Zauditu hieß und ein halbes Jahr zuvor mit ihren Eltern aus Äthiopien nach Deutschland gekommen war. Und dann sagte sie: »Ich

37

finde es ganz großartig, wie sich ihre Tochter mit Zauditu angefreundet hat. Sie spricht ja fast kein Wort Deutsch und war in den ersten Tagen sehr verängstigt und hilflos. Steffi hat ihr wundervoll geholfen, sich bei uns einzuleben. Sie können stolz auf ihre Tochter sein!«

»Warum hast du nicht erzählt, dass deine Freundin schwarz ist?«, wollte ich von Stefanie wissen, als wir später im Auto saßen. »Ist das wichtig?«, fragte Steffi zurück.

»Nein«, antwortete ich. »Aber das hättest du doch erzählen können.«

»Ich hab's wohl vergessen! – Weißt du, wenn man miteinander spielt, braucht man nicht viel zu reden. Wir können uns gut Zeichen geben.«

Ich wusste immer noch nicht, was ich denken sollte. »Und wie bist du ihre Freundin geworden?«

»Zauditu stand immer herum und alle haben sie beobachtet und keiner konnte was mit ihr anfangen und keiner wollte mit ihr spielen. Als ich einmal allein herumstand, ist sie zu mir gekommen, hat mich angeschaut und mich am Arm angefasst. Ganz zart. Und da war sie meine Freundin.«

## Pfingsten

## Sonntag sieben Wochen nach Ostern

Der Heilige Geist ist Gottes guter Geist, der unter uns ist. Er ist wie der Wind, den man nicht sehen kann, aber der dennoch da ist und viel in Bewegung bringt. Oft wird er auf Bildern als Taube dargestellt, weil Jesus ihn so gesehen hat (Mathäus 3,16). Was der Heilige Geist bewirken kann, bei uns und bei den Jüngern, steht in der Pfingstgeschichte (Apostelgeschichte Kapitel 2).

Der Heilige Geist hilft uns, Gottes Wort zu verstehen und darauf zu vertrauen. Der Heilige Geist gibt Mut, dass wir unsere Angst überwinden.

Der Heilige Geist schafft Gemeinschaft. Für Gott sind alle Sprachen eine Sprache und alle Völker sind ein Volk. Er will alle Menschen zusammenbringen in Liebe, Verständigung und Versöhnung. Das Wort Pfingsten ist von dem griechischen Wort »pentekoste«, das heißt »fünfzig«, abgeleitet. Fünfzig Tage nach dem Passafest feiern die Juden das Fest Schawuot, das »Wochenfest«. Fünfzig Tage nachdem Jesus von den Toten auferstanden war, war Jerusalem voll mit Menschen aus verschiedenen Ländern, die gemeinsam das Wochenfest feiern wollten. Auch die Jünger und Anhänger Jesu waren zusammengekommen. Plötzlich erfüllte ein mächtiges Rauschen ihr ganzes Haus, wie ein Sturm. Dann sah man Feu-

er, das sich zerteilte, und auf jeden von ihnen ließ sich eine Flammenzunge nieder. Alle waren vom Geist Gottes erfüllt und begannen, in verschiedenen Sprachen zu reden und zu predigen, die sie nie vorher gehört hatten. Und jeder, der dabei war, verstand die Jünger in seiner eigenen Sprache.

Weil die Jünger es nun zum ersten Mal wagten, das Evangelium öffentlich zu verkünden, nennt man Pfingsten auch den Geburtstag der Kirche. Jesus hatte den Jüngern versprochen, ihnen seinen Heiligen Geist zu senden: »Ihr werdet vom Geist Gottes erfüllt werden. Der wird euch fähig machen, überall als meine Zeugen aufzutreten.« (Apostelgeschichte 1,8). Nun hat er sein Versprechen wahr gemacht.

# Dreifaltigkeitssonntag

## Wunderschön

Es war ein strahlend schöner Sonntag im Frühsommer. Mein Freund Jan und seine Schwester mit ihren Eltern und Imke, Mama, Papa und ich sind rausgefahren an einen einsamen See mitten im Wald. Eigentlich hasse ich solche Ausflüge. Mama plant sie mindestens eine Woche lang und redet dann von nichts anderem: Was wir anziehen, was sie alles für das Picknick einkaufen muss, wie das Wetter sein wird, wer was tragen muss. Und alle müssen ihr zuhören und mitplanen, auch wenn sie nichts zu planen haben, weil Mama doch alles bestimmt. Fast immer gibt es Streit, weil Papa sich dann vor den Fernseher setzt und zu Mama sagt: »Mach du mal« und ich mich lieber in mein Zimmer verziehe. Imke ist die Einzige, die Mama eifrig helfen will. Das findet Mama zwar lieb, aber sie ist keine Hilfe, im Gegenteil. Wenn es dann endlich losgeht, sagt Mama, dass sie jetzt schon vollkommen erschöpft ist. Und wir müssen schwere Rucksäcke tragen, weil sie viel zu viel eingepackt hat.

Wir fuhren also mit der Bahn hinaus aufs Land. An einem kleinen Bahnhof stiegen wir aus, und jeder schnallte sich seinen Rucksack um. Dann marschierten wir los.

Jan und ich setzten uns von den anderen ab, trotteten hinterher. Wir redeten nicht viel, wir sehen uns ja jeden Tag in der Schule. Dafür redete Jans Vater umso mehr. Obwohl wir sicher fünfzig Meter hinter ihm waren, konnten wir ihn hören, so laut redete er.

Ich glaube, im Umkreis haben alle Tiere die Flucht ergriffen. Er erzählte von seiner Arbeit und dass er den ganzen Laden schmeißt und wie großartig er ist. Für Jan war das furchtbar peinlich, denn sein Vater erzählt immer die gleichen Geschichten. Auch mir hat die Wanderung durch den Wald keinen Spaß gemacht.

Fast eine halbe Stunde mussten wir gehen, bis wir zum See kamen. Endlich waren wir angekommen. Zuerst haben wir alle gebadet, obwohl das Wasser wirklich noch eiskalt war. Wir tobten, spritzten, schwammen und tauchten und machten jede Menge Lärm im sonst so stillen Wald. Dann gab es ein Picknick. Wir waren hungrig und langten zu wie die Holzhacker.

Später wollten wir uns alle nur noch hinlegen, in den blauen Himmel schauen und unsere Ruhe haben.

Alle – bis auf den Vater von Jan und Steffi. Er fand, wir sollten mit ihm durch den Wald gehen. Er fing auch gleich an zu erklären wie ein Lehrer. »Kinder, das ist eine Eberesche«, verkündete er und zeigte auf einen kleinen Baum. »Man erkennt sie an den gefiederten Blättern. – Mal sehen. Ja, das ist eine Eiche – sie hat eine ganz rauhe Rinde. Im Gegensatz zur Buche dort. Deren Rinde ist glatt und hell.« Und so ging es immer weiter. Es war schlimm. Nicht, dass mich solche Sachen nicht interessieren. Aber in diesem Moment wollte ich was anderes tun. Jans Vater erklärte dann noch Mama und Papa, dass die Kinder in der Schule heutzutage die einfachsten Dinge nicht mehr lernen. Ehrlich gesagt, mir ging Jans Vater auf die Nerven. Er interessierte sich nur für die Einzelheiten der Bäume, sonst sah er nichts. Ich fand die Bäume einfach schön, wie sie im Licht des blauen Himmels dastanden und sich im Wasser des Sees spiegelten.

Ich ließ also Jans Vater reden und legte mich auf den Rücken ins Gras.

»Ja«, dachte ich und träumte vor mich hin, »der See und der Wald und der Himmel mit sei-

nen weißen Wolken ...« Aber den See allein oder den Wald allein oder den Himmel allein, das konnte ich mir nicht vor-stellen. Sie gehören zusammen. Der See, der Wald und der Himmel. Zusammen sind sie erst richtig schön.

## Dreifaltigkeitssonntag

### Sonntag nach Pfingsten, auch genannt Trinitatis

Sie gehören zusammen, Gott der Vater, sein Sohn Jesus Christus und der Heilige Geist. Sie sind drei und doch eins. Das ist schwer zu verstehen und zu beschreiben. Der Sonntag nach Pfingsten soll uns daran erinnern. In der evangelischen Kirche wird für ihn der lateinische Name Trinitatis (trinitas —

In allen Gottesdiensten begrüßen die Pfarrer und Pfarrerinnen die Gemeinde mit denselben Worten: »Im Namen des Vaters und des Sohnes und des Heiligen Geistes.«
*Gott* ist der Vater aller Menschen, der die Welt geschaffen hat und der seine Schöpfung — auch uns Menschen — liebt und bewahrt.

Dreiheit) benutzt. Die katholische Kirche nennt ihn Dreifaltigkeitssonntag. Im Matthäusevangelium, Kapitel 28,19, spricht Jesus von dieser Dreiheit. Er befiehlt seinen Jüngern: »Tauft sie (die Menschen) im Namen des Vaters und des Sohnes und des Heiligen Geistes.«

In *Jesus Christus* ist Gott Mensch geworden, er hat als Mensch mit den Menschen gelebt. Mit ihm hat Gott gezeigt, wie gut er es mit uns meint. Der *Heilige* Geist ist Gottes guter Geist unter uns.
Als Zeichen für die Dreieinigkeit wird oft ein Dreieck benutzt. In der Mitte ist ein offenes Auge. Es soll uns daran erinnern, dass Gott schützend über uns wacht.

# Fronleichnam

## Hier bin ich!

Ich hatte in der Schule eine Eins geschrieben. Und das ausgerechnet in Mathe. Frau Siebert, unsere Lehrerin, lobte mich vor der ganzen Klasse. Dann musste ich an der Tafel vorführen, wie die Aufgaben richtig gelöst werden. »Nehmt euch an Stefanie ein Beispiel«, hatte die Lehrerin auch noch gesagt. Ich wäre am liebsten im Erdboden versunken.

Zu Hause sagten Mutti und Vati dasselbe zu Jan. »Jan, nimm dir ein Beispiel an Stefanie. Wenn du nur halb so fleißig wärst wie sie, würdest du viel bessere Noten nach Hause bringen.« Das alles war mir furchtbar peinlich. Ich wollte kein Vorbild sein. Nicht für Jan und erst recht nicht für meine Freundinnen und Freunde in der Schule. Ich bin nämlich keine eingebildete Streberin oder Angeberin. Aber ich hatte Angst, dass man mich dafür hält. Genau deshalb traute ich mich auch nicht, Ja zu sagen, als die Klassenlehrerin mich als Kandidatin für die Wahl zur Klassensprecherin vorschlug. Aber glücklich war ich deshalb nicht. Ich wäre gern Klassensprecherin geworden. Und ich bin davon überzeugt, dass ich eine gute Klassensprecherin wäre. Es stimmt schon: Ich will gut sein, ich will für mich und die anderen etwas leisten. Und wenn ich Erfolg habe, dann bin ich auch stolz auf mich.

Jan hat es da viel leichter. Er ist Klassensprecher, weil er so gut in Sport ist und fast der Stärkste in seiner Klasse. Natürlich hatte er in der Schule mitbekommen,

dass ich nicht kandidieren wollte. »Warum willst du dich nicht wählen lassen?«, fragte er mich. »Damit die anderen mich nicht für eine Streberin halten.« Manchmal streiten wir uns ja, dass die Wände wackeln. Aber manchmal ist er ein wirklich lieber Bruder. »Ich bin nicht sauer«, sagte er, »wenn Vati und Mutti mir dich als Vorbild vor die Nase setzen. Weil es ja stimmt: In der Schule bist du besser als ich. Du bist halt meine gescheite Schwester. – Aber du bist keine Streberin.«

Ich war froh, dass Jan das sagte, aber es half mir auch nicht weiter. Er ist ja mein Bruder. Vor ihm habe ich keine Angst.

Ich hatte Angst vor der Klasse. »Wenn ich ein Tor schieße, dann freuen sich alle von meiner Mannschaft«, redete Jan weiter. »Ich schieß die Tore doch nicht für mich allein, das würde ja keinen Spaß machen.« Und dann sagte Jan: »Wenn ich was kann, dann zeige ich es auch. Beim Fußball klappt das. Und bei dir in Deutsch und Mathe klappt es auch!«

Ich dachte darüber nach. Ganz so einfach ist es wohl nicht – immerhin ist Klassensprecherin nicht dasselbe wie Fußball. Aber ich wollte wirklich kein Veilchen sein, das im Verborgenen blüht, so wie es mir eine Freundin ins Poesiealbum geschrieben hatte. Deshalb nahm ich mir doch vor, mich nicht mehr zu verstecken. Vor den nächsten Wahlen werde ich nicht mehr Nein sagen. Ich will eine gute Klassensprecherin werden. Ich will mich für meine Klasse einsetzen. Und zeigen, dass ich das auch kann.

## Fronleichnam

### Donnerstag der zweiten Woche nach Pfingsten

Christen glauben, dass Christus im Altarsakrament — dem geweihten Brot für die Kommunion — gegenwärtig ist. Und sie wissen auch, dass er nicht nur für die Gemeinde da ist, sondern Herr der ganzen Welt ist. Das soll beim katholischen Fest Fronleichnam gezeigt werden. In der katholischen Kirche werden die Hostien, also das geweihte Brot, üblicherweise an einem besonderen Ort in der Nähe des Altars in der Kirche, im sogenannten Tabernakel, aufbewahrt. Am Fronleichnamstag wird das Sakrament in einem Gefäß, der Monstranz, hinaus auf die Straße getragen. Das lateinische Wort für »zeigen« (monstrare) ist darin enthalten: das Heiligste und Wichtigste wird allen Menschen gezeigt.

Die katholischen Gläubigen ziehen

Die Häuser tragen Festschmuck. Die Prozession zieht mit dem Sakrament zu vier mit Blumen dekorierten Stationsaltären, die an den Straßenrändern aufgebaut sind. Hier werden jeweils die Anfänge der vier Evangelien — Matthäus, Markus, Lukas und Johannes — gelesen. Den Lesungen folgen Fürbitten und der Segen. Zum Schluss kehrt der Prozessionszug zurück in die Kirche.

Auf dem Lande gibt es auch Prozessionen über die Felder mit einem besonderen Segen in die vier Himmelsrichtungen. Dabei wird Gott um gutes Wetter gebeten.

Der Name Fronleichnam stammt aus dem Mittelhochdeutschen: Fron bedeutet Herr, Lichnam lebendiger Leib. Die Verehrung und den tiefen Glauben an diesen lebendigen Herrn nicht hinter Kirchenmauern zu verstecken ist der Sinn dieses Feiertags.

festlich gekleidet in feierlichen Prozessionen singend und betend durch ihre Städte und Dörfer. Die Hostie wird unter einem Baldachin getragen.

# Mariä Himmelfahrt

## Die neue Schwester

Muttis Schwester und ihr Mann sind bei einem Verkehrsunfall gestorben. Das Auto kam von der Straße ab und überschlug sich. Die Polizei hat nicht herausgefunden, wie es genau passiert ist. »Sie sind wohl viel zu schnell gefahren«, sagte ein Polizist. Zu Hause geblieben, betreut von einem Babysitter, war Mira, ihr acht Monate altes Baby.
Es war für Mutti wie ein Keulenschlag, als sie von Tante Claudias und Onkel Walters Tod erfuhr. Sie hatte ihre Schwester sehr gemocht. Wenn sie uns besuchte, dann waren sie und Mutti so fröhlich und albern wie kleine Mädchen. Um Mutti zu trösten, erzählte ich ihr von meinem letzten Besuch bei Tante Claudia und sagte ihr, wie gern ich sie hatte. Aber da merkte ich, dass Mutti im Moment gar nicht an ihre Schwester dachte. Sie dachte an Mira. Sie dachte nur noch an Mira: »Mira braucht jetzt eine neue Mutter. Und das bin ich!«, sagte sie, während sie sich die Tränen aus den Augen wischte. Vati wollte sich so schnell noch nicht festlegen. »Wir nehmen Mira erst einmal zu uns. Dann warten wir, und wenn wir wieder zur Ruhe gekommen sind, können wir immer noch endgültig entscheiden.« Steffi und ich unterhielten uns lange darüber. Wir wussten beide nicht, wie wir uns richtig verhalten sollten. Es ging über unseren Horizont.
Ich muss zugeben, dass ich dabei auch an mich dachte. Und Steffi auch an sich. Wir haben nämlich beide ein eigenes Zimmer. Wenn Mira für immer zu uns käme,

dann bräuchte sie ein eigenes Babyzimmer. Aber es gab kein leeres Zimmer in unserer Wohnung. Steffi und ich müssten zusammenziehen. Das war für mich unvorstellbar! Meine Ruhe und meine Freiheit wären dahin. Wo sollte ich mit meinen Freunden spielen, wo meine Schularbeiten machen, und wohin mit meinen ganzen Sachen? Jetzt schlief Mira ja noch in ihrem kleinen Bettchen im Elternschlafzimmer. Aber ich wusste, dass das auch keine Dauerlösung sein würde. Mit Mutti und Vati haben wir nicht darüber gesprochen. Irgendwie trauten wir uns nicht.

Zur Beerdigung von Tante Claudia und Onkel Walter kamen viele Menschen, die ich fast alle nicht kannte. Vati stand steif vor dem Grab und wir standen steif neben ihm. Mutti hielt Mira im Arm. Ich musste immer wieder Mutti und Mira anschauen. Ich fühlte mich ziemlich unsicher und hatte einen riesengroßen Kloß im Hals. Von dem, was am Grab gesagt wurde, bekam ich nichts mit. Es tat mir Leid, dass ich nur an mich und an mein Zimmer gedacht hatte. Aber

dann dachte ich, dass ich ein Recht auf ein eigenes Zimmer habe. Und Steffi auch. Ich beobachtete Mutti genau, wie sie am Grab stand, mit Tränen in den Augen, Mira ganz fest an sich gepresst. Da war ich mir mit einem Mal ganz sicher.

»Mutti wird Mira nie im Leben wieder hergeben«, flüsterte ich Steffi zu. Steffi schaute Mutti an. »Dann sind wir ab jetzt also zu fünft«, flüsterte sie zurück. Und so war es für uns keine Überraschung, als Mutti ein paar Tage später verkündete: »Mira bleibt bei uns!« Und dann sagte sie noch Dinge wie: »Natürlich könnten wir Mira in ein Heim geben und dann adoptieren lassen. Und vielleicht finden sich auch liebe Eltern. Aber ich will das nicht.« Oder: »Ich wollte schon immer ein drittes Kind haben.« Ich wusste, Mutti hat sich nicht deshalb so entschieden, weil sie sich ihrer toten Schwester verpflichtet fühlt. Sie tat es, weil sie Claudias kleine Tochter liebte. Und das konnte ich dann doch verstehen. Es ging mir bald auch nicht anders.

# Mariä Himmelfahrt

## 15. August

Maria wird in der katholischen Kirche besonders verehrt. Gott hat sie auserwählt, seinen Sohn zu gebären. Im Lukasevangelium, Kapitel 1,26-38, steht: Gott sandte den Engel Gabriel nach Nazaret zu Maria. Sie war jung und mit einem Mann namens Josef verlobt. Der Engel trat bei ihr ein und sagte: »Sei gegrüßt, du Begnadete, der Herr ist mit dir.« Sie erschrak und überlegte, was der Gruß zu bedeuten habe. Da erklärte ihr der Engel, dass Gott ihr eine ganz besondere Aufgabe zugedacht hat: sie sollte einen Sohn bekommen, den Sohn Gottes. So wurde sie die Mutter von Jesus Christus. Katholische Christen wenden sich an sie als ihre Fürsprecherin wie an eine liebevolle Mutter. Und so kennen wir sie aus vielen Bildern. Was Maria nach

katholischer Überzeugung vor allen anderen Heiligen einzigartig macht, sagt uns das Tagesgebet der Festmesse zu Mariä Himmelfahrt:
»Allmächtiger, ewiger Gott, du hast die selige Jungfrau Maria, die uns Christus geboren hat, vor aller Sünde bewahrt und sie mit Leib und Seele zur Herrlichkeit des Himmels erhoben.«
Und alle Christen hoffen, dass auch sie nach ihrem Tode in Gottes Himmel aufgenommen werden.
Zu Ehren Marias gibt es das Rosenkranzgebet: Eine Perlenkette mit 59 Perlen – sechs größere für das Vaterunser und 53 kleinere für das Ave Maria – steht für den »Kranz geistlicher Rosen« und endet mit einem Kreuz. Die Perlen werden beim Gebet berührt.

# Michaelis

## Imkes Schutzengel

»Du bist ein Engel!«, das sagt Mama immer zu mir.
Früher wollte ich gerne Mamas Engel sein: Mich an Mama kuscheln, ihre Wärme und Liebe fühlen und mich wie ihr kleiner Engel fühlen. Aber jetzt finde ich, dass Mama zu oft mit den Engeln kommt.
»Imke, sei ein Engel und bring schnell mal die Mülltüte runter« oder »Imke, sei ein Engel und hilf mir beim Wäscheaufhängen.« Engel sind doch keine Heinzelmännchen!
Über meinem Bett hängt ein buntes Bild. Oma hat es mir geschenkt. Auf dem Bild läuft ein Mädchen, das ungefähr so alt ist wie ich, aber unheimlich brav aussieht, auf einer Brücke über einen wilden, reißenden Fluss. Über dem Mädchen schwebt eine Figur mit zwei großen weißen Flügeln: ein Engel. Er trägt ein weißes Kleid, das alles verhüllt, sodass ich nicht erkennen kann, ob er ein junger Mann oder eine junge Frau ist. Ich finde den Engel trotzdem schön.
»Das ist ein Schutzengel«, erklärte mir Oma. »Auch du hast einen Schutzengel, der immer auf dich Acht gibt. Du musst fest an ihn glauben.«
Ich weiß ganz genau, dass es keinen Weihnachtsmann und auch keinen Osterhasen gibt. Die haben sich die Erwachsenen ja nur ausgedacht. Bei den Engeln weiß ich es nicht so genau. Immerhin kenne ich ein paar biblische Geschichten, in denen Engel vorkommen. Manchmal, wenn ich auf meinem Bett liege und den Engel auf dem Bild

anschaue, wünsche ich mir so sehr, einen echten Schutzengel zu haben, einen richtigen Engel, der nur für mich da ist.

»Imke, sei ein Engel und hilf mir«, rief Mama einmal aus der Küche, als ich gerade so schön vor mich hin träumte. Ich war sauer, weil ich bestimmt wieder arbeiten sollte. »Warum immer nur ich, warum Lukas nie?«, rief ich laut zurück. Wütend stapfte ich los. Da stolperte ich über meine Schultasche, die mitten im Zimmer lag, und fiel der Länge nach hin, dass es richtig knallte. Als Mama kam, rappelte ich mich schon wieder hoch: »Nichts ist passiert, alles ist noch dran.«

»Da hast du aber einen Schutzengel gehabt«, sagte Mama. Ich finde immer noch, dass Mama zu oft mit den Engeln kommt.

## Michaelis

## 29. September, Tag des Erzengels Michael und aller Engel

Dem Erzengel Michael und allen Engeln gilt dieser Tag. In der Bibel werden viele Geschichten erzählt, in denen Engel vorkommen. Eine davon ist Jakobs Traum von der Himmelsleiter (Genesis 28,12): »Er sah eine Treppe, die auf der Erde stand und bis zum Himmel reichte. Auf ihr stiegen die Engel auf und nieder.« Engel sind also Boten Gottes. Sie halten Verbindung zwischen Gott und den Menschen, sie teilen uns etwas Wichtiges mit. Aber es ist immer Gott selbst, der handelt, wenn Menschen es mit Engeln zu tun bekommen. Doch Engel sind nicht nur die Boten. Sie sind auch die Kämpfer gegen das Böse. Der berühmteste unter ihnen ist der Erzengel Michael. Die Bibel erzählt von seinem Kampf mit dem Drachen, der das Böse verkörpert (Offenbarung 12,7-12a). Martin Luther hat daher gebetet: »Dein Heiliger Engel sei mit mir, dass der böse Feind keine Macht an mir finde.« Außer Michael, der diesem Festtag seinen Namen gab, nennt die Bibel die Engel Gabriel und

Raphael namentlich. Außerdem spricht sie von einer großen Zahl verschiedener Engel, die Gott unterschiedlich nahe sind: Engel, Erzengel, Thronengel, Cherubim und Seraphim.

Mit seinen Engeln will Gott uns leiten und vor dem Bösen bewahren. Der Pfarrer Dietrich Bonhoeffer hat das im Gefängnis erfahren und so dichtete er: »Von guten Mächten wunderbar geborgen erwarten wir getrost, was kommen mag. Gott ist mit uns am Abend und am Morgen und ganz gewiss an jedem neuen Tag.« Auf dem Bild über Imkes Bett hat der Engel zwei große Flügel. Der Künstler glaubte wohl, dass Engel Flügel brauchen, wenn sie zwischen Gott und den Menschen hin- und herfliegen. Andere stellen Engel als würdevolle Wesen ohne Flügel dar. Auf vielen Bildern bevölkern kleine, fröhliche, dicke Nackedeis mit Flügeln den Himmel. Sie heißen »Putten« und sind oft in Barockkirchen zu finden.

Es müssen nicht Männer mit Flügeln sein, die Engel. Und sie müssen auch keine weißen Gewänder tragen, obwohl sie im Neuen Testament oft als weißgekleidete Männer beschrieben werden. Engel kann vielleicht jeder sein, auch die Nachbarin von nebenan.

Ein besonderes Schutzengelfest feiert die katholische Kirche am 2. Oktober.

# Erntedankfest

### Der Bananenverkäufer

Fast jeden Sonnabend, wenn es nicht gerade in Strömen regnet, gehen wir mit Mutti auf den Markt. Sie liebt es, mitten unter den vielen Menschen zu sein, sie liebt den Lärm und die Gerüche nach frischem Gemüse, Gewürzen und Bratwürsten. Sie beobachtet gern die Verkäufer, ob sie freundlich oder muffelig sind, ob sie ihre Waren laut anpreisen oder stumm hinter ihren Salatköpfen, Kartoffeln oder Honiggläsern stehen. An jedem Stand bleibt Mutti stehen, schaut, vergleicht die Preise und überlegt laut, ob es heute Abend vielleicht doch Fisch geben sollte und keinen Braten, obwohl sie den Braten längst gekauft hat. Jan und ich finden den Markt auch aufregend. Nur wenn Mutti eine Bekannte trifft und die beiden reden und reden, dass es kein Ende nimmt, dann wird es langweilig. Dann rennen wir quer über den Markt zum großen Parkplatz zum Bananenverkäufer. Er steht auf einem Lastwagen, der bis oben hin mit Bananenkisten beladen ist. Wir haben schon oft zugeschaut, wie er Tüten füllt, erst mit fünf, dann zehn, dann zwanzig Bananen, immer zum selben Preis – bis einer die Tüte kauft. Wie er schreit und flüstert, wie frisch seine Bananen sind, wie gesund und wie billig. Seine Hände füllen die Tüten und kassieren das Geld in rasantem Tempo und dabei hat er immer gute Sprüche parat. Ein richtiges Showtalent! Ich fand ihn toll. Das letzte Mal, als wir ihm zuschauten, schleuderte er Bananen in die Menge. Alle grapschten danach, aber viele fielen auf den Boden, blieben liegen und wurden zertrampelt.

Am nächsten Tag machten wir eine Radtour. Erst radelten wir an einem Kanal entlang, dann ging es über Feldwege weiter. Die Felder waren abgeerntet und schon wieder umgepflügt. Am schönsten waren die Bäume. Sie leuchten in so vielen Gelb-, Rot- und Brauntönen, wie ich es nicht beschreiben kann. Als wir durch den Wald fuhren, wehten uns lange Spinnweben ins Gesicht. »Altweibersommer«, lachte Mutti. Im Wald war Hochnebel, und die Sonne zeichnete weiße Gitter hinein. Auf einer Wiese am Waldrand machten wir Rast. Vati breitete eine Decke aus, Mutti schwang den Picknickkorb von ihrem Rad. Sie packte ihn aus, und ich sah, was sie alles dabeihatte. Es sah ziemlich vielversprechend aus und ich bekam richtigen Heißhunger.

Als sie aber dann auch Bananen auf die Decke legte, wurde mir ganz komisch zumute. Ich musste an den Bananenverkäufer auf dem Markt denken.

Ich wartete, bis alle aufgegessen hatten, denn ich wollte den anderen nicht den Appetit verderben. Dann erzählte ich Mutti und Vati vom Bananenverkäufer, und während ich erzählte, merkte ich, dass ich ihn plötzlich gar nicht mehr so spannend fand. Ich sah die zertrampelten Bananen vor mir und die Müllberge am Ende des Marktes. Eigentlich war es wirklich eklig. Wir haben dann unsere Sachen zusammengepackt und aufgepasst, dass wir kein Butterbrotpapier und keine leere Flaschen oder anderen Müll liegen ließen. Danach lagen wir auf dem Rücken und dösten. Hoch oben am Himmel kreiste ein Bussard, tief im Wald schimpfte ein Eichelhäher. Ich hatte keine Banane gegessen.

## Erntedankfest

## Erster Sonntag im Oktober

»Alle gute Gabe kommt her von Gott dem Herrn, drum dankt ihm ...« So heißt es in einem Lied. Das Erntedankfest ist ein Feiertag, an dem wir für die Gaben danken, die wir während des Jahres erhalten haben. Der Dank gilt nicht nur dem Essen und Trinken, sondern allen großen und kleinen Dingen, die wir bekommen haben. Und wir stellen fest, dass vieles nicht selbstverständlich ist. Nicht alle Menschen haben, was sie zum Leben brauchen. An diesem Fest wird in der Kirche das bekannte Lied von Matthias Claudius gesungen: »Wir pflügen und wir streuen den Samen auf das Land. Doch Wachstum und Gedeihen steht in des Himmels Hand.« Das Erntedankfest ist auch ein Tag, an dem uns bewusst werden kann, dass wir Menschen nicht die Herren über Gottes gute Schöpfung sind, dass wir nicht selbst alles bestimmen können. Wir dürfen die Erde nicht ausplündern, dürfen nicht immer mehr und mehr haben wollen. Wir sind mitverantwortlich für Gottes Schöpfung. Und jeder kann etwas dafür tun.

Es sind auch schon kleine Dinge, mit denen wir anfangen können: Vati und Mutti überreden, nicht immer nur mit dem Auto zu fahren, sondern das Rad zu nehmen, zu Fuß zu gehen oder mit der Bahn zu fahren. Und selbst sich nicht immer fahren lassen zu wollen.

Oder anstatt der Limonade aus der Dose lieber die in der Flasche zu nehmen, für die wir Pfand bekommen, wenn wir sie leer zurückgeben. Oder ...

Ihr wisst bestimmt selbst noch viele kleine (oder große?) Dinge, wie wir aufmerksam mit den Schätzen der Natur umgehen können.

Am Erntedanktag wird in vielen Gemeinden zu Familiengottesdiensten geladen. Die Altäre werden mit Früchten aus Gärten und Feldern geschmückt, Kinder und Erwachsene feiern gemeinsam. Nach dem Gottesdienst werden die Früchte, die den Altar geschmückt hatten, verteilt, um von der Dankbarkeit etwas weiterzugeben.

# Reformationsfest

## Die alte Geschichte

Mutti erzählt die Geschichte immer wieder. Das nervt! Und wie das nervt!
Die Geschichte geht so:
»Als Steffi ungefähr zwei Jahre alt war, konnte man mit ihr nicht einkaufen gehen. Es war fürchterlich. Immer wenn sie etwas sah, was ihr gefiel, streckte sie ihre kleinen Hände danach aus und sagte: ›Haben!‹ Und wenn ich ›Nein!‹ sagte, dann fing sie an zu brüllen wie am Spieß. War das peinlich! Ein schreiendes, um sich schlagendes Kind im Einkaufswagen! Die Leute starrten uns an, manche böse, manche mitleidig. Und wenn Steffi nicht im Einkaufswagen saß und etwas nicht bekam, schmiss sie sich auf den Boden, strampelte und schrie noch lauter. Mir blieb nichts anderes übrig, als sie hochzuheben, sie wie einen Sack unter den Arm zu klemmen und nach Hause zu tragen. Am schlimmsten war es in der Bäckerei Bachhuber, wo sie sich mit Kuchen, Keksen und Schokolade vollstopfen wollte. Ich kann gar nicht zählen, wie oft sie da auf dem Boden gelegen hat. Und dabei war ich ja schon schwanger mit Jan und konnte mich nicht mehr so bewegen, wie es nötig gewesen wäre!«
Mutti findet die Geschichte furchtbar lustig. Ich überhaupt nicht. Ich kann mich nicht daran erinnern. Und ich halte sie für maßlos übertrieben. Wenn Omi erzählt, wie ich war, dann sagt sie genau das Gegenteil. »Steffi war so süß und so fröhlich«, schwärmt sie. Und mit fast trauriger Stimme

fragt sie dann immer: »Weißt du noch, wie wir so nett miteinander gespielt haben?« Oder: »Erinnerst du dich noch, wie du immer auf meinem Schoß gesessen bist?« Omis Fragen klingen so, als ob ich heute eine alte Zicke wäre. Ich schmeiße mich längst nicht mehr hin und schreie, wenn ich etwas haben will und nicht bekomme. Schokolade und Kekse liegen in der Wohnung offen herum. Das lässt mich ziemlich kalt. Meistens jedenfalls. Und ich setze mich lieber neben Omi als auf ihren Schoß.

Das finde ich gar nicht großartig. Ich bin eben so geworden. Ich hab mich geändert, verändert. Und bis ich erwachsen bin, werde ich das wohl noch öfter tun. Deshalb nerven Mutti und Omi so, wenn sie immer wieder die alten Geschichten erzählen.

## Reformationsfest

## 31. Oktober

Das Reformationsfest wird in der evangelischen Kirche gefeiert. Reformation heißt Erneuerung, Umgestaltung. Am 31. Oktober 1517 schlug der Mönch Martin Luther 95 Thesen an die Tür der Schlosskirche von Wittenberg. Er wollte eine öffentliche Diskussion über die Zustände in der Kirche seiner Zeit. Besonders kritisierte er, dass mit dem Glauben Geschäfte gemacht wurden und dass es oft mehr um Äußerlichkeiten ging als um den persönlichen Glauben und um die innere Einstellung eines Menschen. Wegen seines Protests wurde er der erste »Protestant« – so heißen heute alle evangelischen Christen. Das Wichtigste für den Glauben aber war für ihn die Bibel. Die gab es bis dahin nur in lateinischer oder griechischer und hebräischer Sprache. Daher übersetzte er die Bibel ins Deutsche, damit jeder sie selbst lesen konnte. Damals gab es eigentlich noch keine deutsche Sprache. In jedem Teil des Landes sprachen die Menschen in ihren Dialekten. In Bayern bayrisch, in Norddeutschland plattdeutsch. Und so wurde auch geschrieben. Ein Hamburger konnte einen Münchner kaum verstehen. Martin Luther versuchte bei seiner Bibelübersetzung eine Sprache zu schreiben, die alle verstehen konnten. Und das ist ihm gelungen. Viele andere begannen in Luthers Sprache zu schreiben und zu reden. So wurde aus der Sprache der Lutherbibel unsere hochdeutsche Sprache.

Martin Luther wollte ursprünglich keine Kirchentrennung, sondern die Kirche neu beleben. Doch der Papst und die Bischöfe, der Kaiser und einige Fürsten hielten am Gewohnten fest. So kam es dazu, dass neue Kirchen entstanden: Neben der römisch-katholischen Kirche bildeten sich die evangelischen Kirchen. In den zwei Jahrhunderten nach der Reformation bekämpften sich Protestanten und Katholiken in blutigen Religionskriegen. Der schlimmste war der Dreißigjährige Krieg. Heute rücken die Kirchen näher zusammen, weil sie wissen, dass sie trotz aller Unterschiede an denselben Gott glauben. Sie denken mehr daran, was sie gemeinsam haben, als an das, was sie trennt. Die Gemeinschaft der christlichen Kirchen nennt man die Ökumene.

Der Reformationstag ist in den meisten Bundesländern kein Feiertag. Trotzdem finden viele Gottesdienste statt. Aber auch in den Gottesdiensten am Sonntag nach dem 31. Oktober wird an die Reformation erinnert.

Die Reformation ist aber nicht nur eine einmalige geschichtliche Erinnerung. Jede Kirche muss sich immer wieder erneuern. So wie wir selbst!

# Buß- und Bettag

## Nach der Schule

Nach der Schule kam Jan mit zu mir. Auf dem Weg hatte sich jeder einen Döner gekauft, den mampften wir, während wir zu meiner Wohnung gingen.
Wir waren allein, denn meine Eltern sind am frühen Nachmittag noch nicht von ihrer Arbeit zurück. Imke war noch im Kindergarten bis zum späten Nachmittag.
»Wollen wir fernsehen oder Musik hören?« Das fragen wir immer als Erstes, wenn wir zusammen sind. Diesmal entschieden wir uns für Musik.
»Such dir was aus«, sagte ich, während ich in die Küche ging, um etwas zu trinken zu holen. Jan fand eine Disc mit seiner Lieblingsgruppe. Dann drehte er laut auf, so laut, dass die Bässe durchs ganze Haus wummerten.

Ich kam mit einer Flasche Apfelsaft und zwei Gläsern zurück. »Cool!«, freute sich Jan. »Endlich mal Musik hören, so laut, wie es sein muss.«
Ich war müde von der Schule. Lieber hätte ich meine Ruhe gehabt. Die Musik war mir viel zu laut, sie machte mir Kopfschmerzen. Aber ich traute mich nicht, die Musik leiser zu stellen. Weil laute Musik eben cool ist und weil Jan nicht merken sollte, wie fertig ich war.
So saßen wir drei Lieder lang nebeneinander, nippten am Apfelsaft und Jan redete gleich drauflos. Er kam sofort auf sein Lieblingsthema, auf Fußball: Dass er der Beste seiner Mannschaft ist, dass die anderen ohne ihn einpacken könnten und dass er eigentlich keine Zeit hat, weil

er zum Training muss. Mir war das alles viel zu hektisch. Ich wollte, dass wir einfach mal eine Pause einlegten. Nur – wie sollte ich ihm das erklären? Aber dann hielt ich es nicht mehr aus. Ich lief zum CD-Player und stellte ihn ab. »Nach der Schule brauch ich meine Ruhe – es macht mich krank, mich volldröhnen zu lassen«, sagte ich und versuchte dabei, nicht weinerlich zu klingen. »Lass uns ein paar Minuten abschalten. Dann quatschen wir über heute Vormittag.«

Erst hat Jan mich nicht verstanden. Aber dann haben wir uns lange unterhalten. So leise war es bei uns noch nie, wenn wir allein in der Wohnung waren.

Obwohl wir schon ewig Freunde waren, gab immer einer vor dem anderen an. Jan genauso wie ich. Aber an diesem Nachmittag haben wir uns richtig zugehört. Und wir haben gemerkt, dass diese Angeberei blöd ist, und Jan sagte sogar, dass es ihm Leid tut, dass er immer mit seinen Toren beim Fußball so protzt.

Es war so, als hätten wir uns erst heute richtig kennen gelernt. Jan vergaß dabei ganz, dass er noch zum Training musste. Ich erinnerte ihn daran, und wir sind beide mit dem Bus hingefahren.

## Buß- und Bettag

## Mittwoch vor dem letzten Sonntag des Kirchenjahres

Der Buß- und Bettag ist ein Tag, an dem man sich die Zeit nehmen soll, in Ruhe über sich selbst nachzudenken. Dabei sollte man möglichst ehrlich mit sich selber sein:

Was ist mir gelungen, womit bin ich zufrieden?

Aber auch: Was habe ich falsch gemacht, was möchte ich verändern in meinem Leben? Was sagt Gott zu meinem Leben?

Das kann man ganz alleine tun oder mit Freunden und in der Familie.

Wenn man etwas ausgefressen hat, muss man auch dazu stehen. Jeder muss für das, was er getan hat, die Verantwortung übernehmen. Er darf sich nicht damit herausreden, dass andere die Schuld haben, weil sie ihn vielleicht verleitet haben, oder dass andere auch nicht besser sind.

Zur Buße gehört auch, dass man versuchen muss, den Schaden, den man angerichtet hat, wieder gutzumachen. Das Wichtigste aber ist, dass man ehrlich einsicht, falsch gehandelt zu haben und dass man sich fest vornimmt, es nicht mehr zu tun und anders zu werden. Buße heißt also umkehren.

Das ist manchmal sehr schwer. Aber es ist keine Strafe. »Merkt ihr nicht, dass Gott euch durch seine Freundlichkeit zur Umkehr bringen will?«, fragt Paulus in seinem Brief an die Römer (Römer 2,4).

Eingeführt wurde der Buß- und Bettag, damit alle Menschen eines Landes wenigstens einmal im Jahr sich auf Missstände und Gefahren besinnen und darüber nachdenken, wie man sie abwenden kann. Um sich besinnen zu können, braucht man Zeit. Und Ruhe. Die ist heute auch für Kinder rar — außer ihr sorgt selbst dafür, so wie Lukas.

Der Buß- und Bettag ist seit einigen Jahren kein gesetzlicher Feiertag mehr. Dagegen haben viele Christen protestiert, weil sie ihn für wichtig halten. In den Kirchen werden an diesem Tag weiterhin Gottesdienste gehalten.

# Allerheiligen Allerseelen Totensonntag

## An Großvater denken

Er wollte nur Großvater genannt werden. »Opa oder Opi oder all die anderen Kleinkindernamen finde ich schrecklich«, sagte er. Außerdem wollte er auch kein Babysitter-Opa sein. »Ich hab dich großgezogen«, sagte er immer zu Mutti, »das reicht.« Vati fand das albern, aber Mutti wusste, dass ihr Vater ein freundlicher Dickschädel war. Und so hieß Großvater eben Großvater.

Einmal gingen Großvater und ich in den Park. Ich hatte meinen Ball dabei. Aber Großvater spielte nicht mit. Er setzte sich auf eine Parkbank in die Sonne und streckte seine Beine weit von sich. Er saß in der Mitte der Bank und machte sich so breit, dass kein Erwachsener mehr rechts oder links von ihm sitzen konnte. Und er brummte und stöhnte, während er sich zurechtrückte. »Für einen alten Mann ist es wichtig, dass er sich die Sonne auf den Pelz brennen lässt«, sagte er. Und dann: »So, Jan, nun zeig mir, wie du mit dem Ball umgehen kannst. Ich war immer ein verdammt schlechter Fußballer. Hatte überhaupt kein Ballgefühl.«

Ich wollte jetzt nicht spielen. Nicht, dass ich nicht gern vor

Großvater angegeben und meine Kunststückchen mit dem Ball vorgeführt hätte. Ich wusste nicht, warum, aber ich setzte mich neben Großvater auf die Bank, ließ die Beine baumeln und blinzelte in die Sonne. Großvater sagte kein Wort und ich wollte auch nicht reden. So saßen wir nebeneinander, bis die Sonne begann, hinter der großen Buche zu verschwinden.

»Es wird Zeit«, sagte Großvater. Ich sah auf meine Uhr. Fünfunddreißig Minuten waren wir zusammengesessen. Aber die Zeit war mir nicht lang geworden. Im vergangenen Frühling ist Großvater gestorben. Als ich mit meinen Eltern im grauen November an Großvaters Grab stand, fiel mir jener Sommertag im Stadtpark ein. Und es war mir, als wäre Großvater ganz nahe.

## Allerheiligen
## Allerseelen
## Totensonntag

### 1. und 2. November,
### Sonntag vor dem Ersten Advent, auch genannt Ewigkeitssonntag

Am Ende des Kirchenjahres denken die Christen an die Verstorbenen. In der katholischen Kirche gibt es dafür zwei Gedenktage. Der Tag »Allerheiligen« am 1. November gilt den Heiligen, also den Frauen und Männern, die im Namen Jesu besondere Taten vollbracht haben. Zum Beispiel dem Heiligen Nikolaus oder dem Heiligen Martin. Der Apostel Paulus hat gesagt, dass alle, die dazu

beitragen, dass ein Stück Himmel hier auf Erden anfängt, Heilige sind. Sie sind Vorbild und man kann sie anrufen und um ihren Beistand bitten. Am darauffolgenden Tag, an Allerseelen, gedenken die Katholiken aller ihrer Toten. Die evangelischen Christen gedenken der Toten am letzten Sonntag des Kirchenjahres, am Sonntag vor dem Ersten Advent. Dieser Sonntag wird meistens »Totensonntag« genannt, offiziell aber heißt er »Ewigkeitssonntag«. Das bedeutet: Wir glauben, dass mit dem Tod nicht alles zu Ende ist. Wir hoffen, dass wir nach unserem Tod für immer bei Gott sind. Wie das ist, kann man nicht beschreiben. Das

weiß keiner, denn noch niemand ist zurückgekommen, um davon zu erzählen. Wir können nur in Bildern davon reden. Besonders schön ist dieses: Im Sterben nimmt uns Gott von seiner einen Hand in die andere. Paulus schreibt in seinem Brief an die Römer: »Ich bin gewiss, dass uns nichts von dieser Liebe trennen kann, weder Tod noch Leben.« (Römer 8,38).

Wir alle wissen: Unser Leben hier auf der Erde ist nicht unendlich. Irgendwann ist es zu Ende. Darum sollten wir die Zeit, die wir haben, auch nutzen. Vor allem, um für andere da zu sein. Was wir anderen an Gutem geschenkt haben, das bleibt nach dem Tode in guter Erinnerung.

Wenn jemand stirbt, den wir sehr lieb hatten, dann sind wir sehr traurig. Manche sind so traurig, dass sie selbst nicht mehr weiterleben wollen. Dann ist es gut, sich zu erinnern. An die schöne Zeit, die man zusammen erlebt hat, an all das, was man dem Verstorbenen zu verdanken hat. Dann lebt er oder sie auch in unseren Herzen weiter.

Am Nachmittag des Allerheiligenfestes besuchen die katholischen Christen, am Ewigkeitssonntag die evangelischen Christen die Friedhöfe. Sie schmücken die Gräber. Oft zünden sie auch Kerzen an. Die sind ein Zeichen dafür, dass die Toten nicht vergessen sind. In den Gottesdiensten in evangelischen Kirchen werden die Namen der Verstorbenen des vergangenen Kirchenjahres vorgelesen.

# Sankt Martin

Lukas' Wolkenkratzer

Eigentlich gehören die meisten Legosteine Lukas. Vor ein paar Wochen baute er eine ganze Stadt. Ich wollte mitbauen, aber er ließ mich nicht. Später werde ich bestimmt eine Stadt bauen, die viel schöner ist als die von Lukas. Die Legosteine liegen in einer großen Kiste. Es sind so viele, dass ich sie nicht zählen kann. Mama hat erzählt, dass in ihrem Büro eine Frau zum Saubermachen kommt, die eine Tochter hat. Sie ist zwei Jahre älter als ich. Die Frau kommt immer, wenn alle schon Feierabend haben, und sie muss ihre Tochter mitbringen, weil sonst niemand da ist und sie nicht so lange allein sein kann.
»Die kleine Kathi langweilt sich immer«, sagte Mama, »sie braucht etwas zum Spielen.«

Das hatte ich verstanden. Aber dann sagte Mama: »Ihr habt so viele Legosteine. Da könnt ihr ruhig der Kathi einen Buddeleimer voll abgeben.«
Lukas sagte gleich Nein. »Erst vorgestern habe ich mit Jan ausgemacht, dass wir einen Wolkenkratzer bauen. Und dafür brauche ich alle Steine.« Ich glaube, dass er schwindelte. Aber ich brauchte auch alle Steine, weil ich ja die große, schöne Stadt bauen wollte. Beim Gutenachtsagen erzählte mir Mama, sie sei traurig, weil wir nicht teilen wollten. Ich wusste keine Antwort.
Ein paar Tage später brachte Mama von der Arbeit ein fremdes Mädchen mit. Es war Kathi.
»Kathis Mutter wird sie nach der Arbeit abholen. Bis dahin könnt

ihr zusammen spielen«, sagte Mama und ließ uns allein. Ich mochte Kathi gleich und wollte ihr meine Kuscheltiere zeigen. Aber Kathi sah den Kasten mit den Legosteinen und fing sofort an zu bauen. Sie ließ mich richtig mitmachen und zeigte mir, wie man die Steine zusammenstecken muss. Einmal hatte Lukas zwischendurch die Tür aufgemacht, hatte Kathi ganz kurz zugeschaut und war dann gleich wieder verschwunden. Gesagt hatte er nichts.

Dann kam Kathis Mutter, und da schüttete ich heimlich eine Handvoll Legosteine in Kathis Tasche. Als wir schon auf dem Flur standen und »Auf Wiedersehen« gesagt hatten, kam plötzlich Lukas mit einem Eimer voll Legosteine. Er gab ihn Kathi und verschwand gleich wieder. Ehrlich gesagt, ich hab überhaupt nicht begriffen, warum er das gemacht hat. Später sagte er, es sei nicht so schlimm, wenn sein Wolkenkratzer ein bisschen kleiner werden würde.

# Sankt Martin

## 11. November

Am 11. November feiern wir das Fest Sankt Martin. Der Heilige Martin ist um das Jahr 316 geboren und war zunächst römischer Soldat. Er wurde nach Frankreich geschickt. Als er durch das Stadttor von Amiens ritt, sah er einen frierenden Bettler. Martin hielt an, zog sein Schwert und zerschnitt seinen Mantel in zwei Teile. Den einen Teil gab er dem Bettler, damit er sich wärmen konnte, den anderen Teil behielt er. Der halbe Mantel genügte, um ihn warm zu halten. Jesus hat gesagt: »Was ihr getan habt einem von diesen meinen geringsten Brüdern, das habt ihr mir getan (Matthäus 25,40).« Das bedeutet: Wer mit einem Armen teilt, der teilt auch mit Jesus.
Bald darauf ließ Martin sich taufen. Er wollte auch kein Soldat mehr sein, sondern lebte in Armut in einer einfachen Hütte und half den Menschen. Als der Bischof der französischen Stadt Tours gestorben war, wählten die Bewohner Martin zu ihrem neuen Bischof. Doch Martin, der gern Einsiedler bleiben wollte, versteckte sich im Gänsestall, so die Legende.

Weil die Gänse so laut schnatterten, entdeckte man ihn.
Der Martinstag wird unterschiedlich gefeiert. In manchen Gegenden basteln sich die Kinder bunte Laternen, die »Martinslaternen«. Wenn es dunkel geworden ist, treffen sich die Kinder auf einem großen Platz und warten auf St. Martin. Der kommt angezogen wie ein Bischof auf einem Schimmel angeritten. Nachdem er die Kinder begrüßt hat, zieht er mit ihnen durch die Stadt. Dabei singen alle das Martinslied.

Die Deutsche Bibliothek – CIP-Einheitsaufnahme

Die Feste des Christentums – Kindern erklärt/Joachim Schmidt.
Ill. von Jobst Tjaden. – 2. Aufl. - Gütersloh: Gütersloher Verl.-Haus, 2002
ISBN 3-579-02218-0

ISBN 3-579-02218-0
2., durchgesehene Auflage, 2002
© Gütersloher Verlagshaus, Gütersloh 1998

Umschlagillustration: Jobst Tjaden, Münster
Graphische Gestaltung: Beate Nottbrock, Gütersloh
Satz: Weserdruckerei Rolf Oesselmann GmbH, Stolzenau
Reproduktion: Scanlight GmbH, Marienfeld
Druck und Bindung: Těšínská Tiskárna AG, Český Těšín
Printed in Czech Republic

Wie andere leben - was andere glauben
# Die Weltreligionen Kindern erklärt
von Monika und Udo Tworuschka
Illustriert von Rüdiger Pfeffer

Gütersloher
Verlagshaus

4. Auflage, 91 Seiten. Gebunden.
[3-579-02206-7]

In einfacher, kindgerechter Sprache werden die großen
Religionen Judentum, Christentum, Islam, Hinduismus
und Buddhismus erklärt und ihre Religionsstifter,
heiligen Stätten, Symbole und Bräuche vorgestellt.